Mensagem

Fernando Pessoa

Mensagem

edição, organização e introdução
Jerónimo Pizarro

posfácio
Ida Alves

todavia

Palavras de pórtico,
por Jerónimo Pizarro 9

Primeira parte: Brasão

I. Os Campos

Primeiro: O dos Castelos 27
Segundo: O das Quinas 28

II. Os Castelos

Primeiro: Ulisses 31
Segundo: Viriato 32
Terceiro: O Conde D. Henrique 33
Quarto: D. Tareja 34
Quinto: D. Afonso Henriques 35
Sexto: D. Dinis 36
Sétimo (I): D. João o Primeiro 37
Sétimo (II): D. Filipa de Lencastre 38

III. As Quinas

Primeira: D. Duarte, Rei de Portugal 41
Segunda: D. Fernando, Infante de Portugal 42
Terceira: D. Pedro, Regente de Portugal 43
Quarta: D. João, Infante de Portugal 44
Quinta: D. Sebastião, Rei de Portugal 45

IV. A Coroa
Nunálvares Pereira 49

V. O Timbre
A Cabeça do Grifo: O Infante D. Henrique 53
Uma Asa do Grifo: D. João o Segundo 54
A Outra Asa do Grifo: Afonso de Albuquerque 55

Segunda parte: Mar Português

I. O Infante 61
II. Horizonte 62
III. Padrão 63
IV. O Mostrengo 64
V. Epitáfio de Bartolomeu Dias 66
VI. Os Colombos 67
VII. Ocidente 68
VIII. Fernão de Magalhães 69
IX. Ascensão de Vasco da Gama 70
X. Mar Português 71
XI. A Última Nau 72
XII. Prece 73

Terceira parte: O Encoberto

I. Os Símbolos

Primeiro: D. Sebastião **81**
Segundo: O Quinto Império **82**
Terceiro: O Desejado **84**
Quarto: As Ilhas Afortunadas **85**
Quinto: O Encoberto **86**

II. Os Avisos

Primeiro: O Bandarra **89**
Segundo: António Vieira **90**
Terceiro: [Escrevo meu livro à beira-mágoa.] **91**

III. Os Tempos

Primeiro: Noite **95**
Segundo: Tormenta **97**
Terceiro: Calma **98**
Quarto: Antemanhã **99**
Quinto: Nevoeiro **100**

Mensagem, uma arquitetura simbólica,
por Ida Alves **103**

Índice de títulos e primeiros versos **123**

Palavras de pórtico

Jerónimo Pizarro*

Um dos livros mais lidos e comentados de Fernando Pessoa, *Mensagem* só foi assim batizado pouco antes de ser posto à venda a 1º de dezembro de 1934, numa data que Pessoa relacionou com a independência portuguesa, ou com o que descreve, numa curiosa carta ao conde de Keyserling, como a "curta dominação espanhola", isto é, o tempo em que Portugal, depois da morte trágica de d. Sebastião, ficou sob o domínio da dinastia filipina (1580-1640). *Mensagem* foi primeiro, e durante 24 anos, muitas configurações diferentes de um livro intitulado *Portugal*, que só começou a tomar a forma que hoje conhecemos — 44 poemas divididos em três partes — tardiamente, embora a segunda parte estivesse já quase estruturada em 1922, quando da publicação do conjunto poético "Mar Português" na revista *Contemporânea*.**

Este livro de poemas dialoga com a história portuguesa anterior e posterior à Batalha de Alcácer-Quibir e ao período das grandes navegações marítimas, destacando algumas figuras fulcrais da história de Portugal, das fundacionais às proféticas, passando pelos principais expedicionários (o infante d. Henrique, Vasco da Gama e Fernão de Magalhães, entre outras). Mas,

---

* Crítico literário, editor, tradutor e professor titular na Universidad de los Andes. Responsável por diversas edições das obras de Fernando Pessoa e pela revista *Pessoa Plural*. ** Sobre a gênese de *Mensagem*, ver as edições críticas da obra (Madri: CSIC, 1993; Lisboa: Imprensa Nacional; Casa da Moeda, 2018; Lisboa: Tinta-da-china, 2020) e o artigo "Portugal, o primeiro aviso de *Mensagem*" (*Pessoa Plural — A Journal of Fernando Pessoa Studies*, n. 17, pp. 76-229, 2020).

então, o que motivou Pessoa a alterar o título de uma obra referente a Portugal pouco antes de ser impressa? Esta foi a explicação que deu em 1935, no ano da sua morte:

> O meu livro *Mensagem* chamava-se primitivamente *Portugal*. Alterei o título porque o meu velho amigo Da Cunha Dias me fez notar — a observação era por igual patriótica e publicitária — que o nome da nossa Pátria estava hoje prostituído a sapatos, como a hotéis a sua maior Dinastia. "Quer V. pôr o título do seu livro em analogia com 'portugalize os seus pés?'" Concordei e cedi, como concordo e cedo sempre que me falam com argumentos. Tenho prazer em ser vencido quando quem me vence é a Razão, seja quem for o seu procurador ocasional.
> Pus-lhe instintivamente esse título abstrato. Substituí-o por um título concreto por uma razão…
> E o curioso é que o título *Mensagem* está mais certo — à parte a razão que me levou a pô-lo — de que o título primitivo.*

Não sendo impossível aceitar esta explicação, já que uma marca registrada em 1897, A Portugal, era publicitada como "A fábrica de calçado mais antiga e importante do país", e atendendo a que o Aviz Hotel, um hotel de luxo inaugurado em 1933, tinha o nome da principal dinastia portuguesa, interessa, porém, admitir outras hipóteses.

É possível, por exemplo, que o título *Mensagem* esteja "mais certo" porque, embora o livro não tenha um mensageiro — no sentido de não ser assumido pela voz de um vate, como *Os lusíadas*, mas por uma voz coral responsável por uma grande emotividade, por um nós-poético que personifica uma coletividade —, ele traz

---

* Fernando Pessoa, "Explicação de um livro". In: *Mensagem*. Lisboa: Tinta-da-china, 2021, p. 189.

uma série de anúncios (ou "avisos") proféticos e, também e de certa forma, uma mensagem; a saber, que o advento de um "super-" ou "supra-Camões" — termos criados por Pessoa em 1912 — faria parte da "história do futuro" portuguesa. Esse presságio encontra-se cifrado no poema "[Escrevo meu livro à beira-mágoa.]", no qual, como bem explica António Cirurgião:

> Pela primeira vez em *Mensagem*, o poeta deixa de ser aquele que fala dos outros e com os outros e pelos outros, para passar a ser aquele que fala de si, embora sem registar o seu nome. Neste poema, Fernando Pessoa coloca sobre os ombros o manto de profeta, transformando-se na terceira pessoa da trindade profética de *Mensagem*.*

De fato, Pessoa "coloca sobre os ombros" esse tal manto para se apresentar como um terceiro "aviso", na esteira do Bandarra e do padre Antônio Vieira, reafirmando, assim, uma profecia de ordem sebastianista.

Finalmente, também é possível admitir que o título da obra esteja "mais certo" porque não foi propriamente intempestivo. Sabe-se que Pessoa fez breves estudos de índole anagramática e descobriu que *Mensagem* cifrava uns versos de Virgílio (*Eneida*, VI, 727): "MENS AGitat molEM" (o espírito move a matéria), e ainda outras frases latinas, como "*mens mega*" (alma imensa) e "*mea gens*" (a minha raça). Por isso, é tentador citar aquilo que ele declarou, em carta de 13 de janeiro de 1935, ao poeta Adolfo Casais Monteiro: "O que fiz por acaso e se completou por conversa, fora exatamente talhado, com Esquadria e Compasso, pelo Grande Arquiteto".

---

* A Cirurgião deve-se uma obra notável, *O "olhar esfíngico" da* Mensagem *de Pessoa* (Lisboa: Ministério da Educação; Instituto de Cultura e Língua Portuguesa, 1990), que, em moldes mais sintéticos, foi resgatada na mais recente edição crítica de *Mensagem* (Lisboa: Tinta-da-china, 2020). Nesse trabalho, o estudioso comenta, poema a poema, o conjunto de versos de finais de 1934.

Ora, Pessoa não deixou apenas algumas chaves de leitura para perceber melhor o título *Mensagem* e os seus sentidos múltiplos, como também escreveu alguns textos, como o seguinte, para iluminar o livro:

> Pouco há que dizer, como explicação antecipada, destes poemas em que se resume a história passada, e a promessa da história futura, de Portugal [...]. Logo no primeiro poema ["O dos Castelos"] se fala de três nações, como se em Europa não houvesse outras. É que a civilização europeia é criação de essas três [Itália, Portugal e Inglaterra], e só delas, não sendo as outras mais que distribuidoras [...]. Notar-se-á que se considera a História de Portugal como fechada nas duas primeiras dinastias, dando-se como não existente a dos Filipes, a dos Braganças e a República. Assim é. Estes três tempos são o nosso sono; não são a nossa história, senão que representam a ausência dela.*

Segundo o autor dessas linhas, a "concentração e europeização da alma antiga" foram obra da Itália; a "abertura de todas as portas do mundo, e o descobrimento dele" constituíram proeza de Portugal; e a "restituição da ideia de Grande Império", uma façanha de Inglaterra. Hoje essas afirmações todas resultam problemáticas, porque a alma antiga não foi apenas greco-romana, porque a própria ideia de descobrimento já foi muito contestada e porque dos Impérios, e nomeadamente do britânico, não ficam mais do que alguns *brexits* e certos Gibraltares. Mas é justo reconhecer esse enquadramento eurocêntrico, até porque "o alienado Antônio Conselheiro, que ergueu o estandarte do Império contra a República Brasileira", acabou por não ser incluído em *Mensagem*, embora tivesse estado prevista a sua inserção por volta de 1928.

---

* Fernando Pessoa, "Outros textos". In: *Mensagem*. Lisboa: Tinta-da-china, 2021, p. 156.

Considerações como essas e outras podem levar a discutir a ideologia de Pessoa subjacente a *Mensagem*. Discussão relevantíssima, mas que, como adverte Onésimo Teotónio Almeida — que já contribuiu abundantemente para ela —, não se pode limitar a uma leitura crítica dos poemas, porque se queremos identificar essa ideologia,

> não bastam os elementos presentes na obra. É fundamental ter-se em conta tudo o que sobre ela, sobre Portugal e sobre a política escreveu Fernando Pessoa. Mas mais ainda: é importante enquadrar essas convicções ideológicas no pano de fundo mais vasto da mundividência pessoana, particularmente as suas conceções estéticas, as suas crenças sobre o papel do mito, da poesia e dos poetas. Depois disso, há que situar o quadro resultante da sua mundividência geral, que nele, como todos sabemos, é especialmente complexo, dada a multiplicação do seu eu em heterónimos e outros autores fictícios.[*]

Não tendo como entrar nesse debate nas poucas linhas deste texto, cumpre-nos reconhecer a sua importância e remeter para o livro recém-citado, *Pessoa, Portugal e o futuro*, do professor Almeida, que o sintetiza bem.

Aliás, a bibliografia sobre *Mensagem*, vasta e crescente, obriga a entrar e a sair da obra e abrange tanto a crítica coeva, de 1934-5, como a crítica póstuma, da qual se podem destacar diversas propostas e abordagens, quer mais formalistas (em que Pessoa surge como um poeta da estruturação), quer mais especulativas (referentes à iniciação, à astrologia e à heráldica). Dentro da crítica póstuma também têm cabimento os contributos mais historiográficos, que lembram, por exemplo, a relevância de

---

[*] Onésimo Teotónio Almeida, *Pessoa, Portugal e o futuro*. Lisboa: Gradiva, 2014.

reler Oliveira Martins e Guerra Junqueiro para ler Pessoa com maior profundidade, e aqueles mais históricos, que esclareçam que *Mensagem* não recebeu um prêmio de consolação (esse é o mito), nem um prêmio de segunda categoria (esse é o título de um curta-metragem), mas sim um prêmio na segunda categoria de um concurso literário de 1934. A esse respeito são decisivos os trabalhos de Helder Macedo e José Barreto.

Afinal, *Mensagem* admite inúmeras leituras, daí sua riqueza e consagração. Ora, sem esquecer nenhuma e sem ignorar que é "um livro abundantemente embebido em simbolismo templário e rosicruciano",* em palavras do próprio Pessoa, acreditamos que também possa ser lido sem algum hermetismo e como o livro de versos que é, quer dizer, descobrindo a espantosa tessitura poética que o constitui e que já foi tão celebrada por outros poetas e artistas dentro e fora do Brasil e de Portugal. Seja, pois, esta edição um convite a ler ou reler o único livro que Pessoa publicou em vida, para além de algumas plaquetes, e a sentir os movimentos de onda dos seus versos. Como escreveu um recente tradutor de *Mensagem*, Nicolás Barbosa, esta obra oscila entre versos de arte menor e maior, entre tradições poéticas de origem popular e outras mais eruditas, e acaba por produzir uma musicalidade própria e singular, em que "a melodia dos poemas avança, mas às vezes retrocede, formando um ritmo que poderia evocar o movimento de uma nau que, para cruzar os mares, deve navegar correntes que ora a puxam, ora a empurram".**

Navegue-se neste livro como se se navegasse num navio, com uma "suspensão voluntária da descrença" que permita aceitar como verdadeiras as figuras evocadas e ainda esse mito, tão bem

---

* Fernando Pessoa, "Explicação de um livro". In: *Mensagem*. Lisboa: Tinta-da-china, 2021, p. 183. ** Do prefácio à tradução de Nicolás Barbosa (Medellín: Tragaluz, 2018, p. 20).

definido por Pessoa, que "é o nada que é tudo". Navegue-se neste livro não tanto à procura da verdade histórica como em busca de uma verdade poética, isto é, sem esquecer que é a obra de um poeta e de um poeta que tentou manter viva a crença numa grandeza vindoura, embora também conhecesse, e bem, o desengano e o desassossego, e tivesse escrito, depois de *Mensagem*, e já vítima da censura salazarista, uma anti-heroica "Elegia na sombra".

Referências bibliográficas

ALMEIDA, Onésimo Teotónio. *Pessoa, Portugal e o futuro*. Lisboa: Gradiva, 2014.
BARBOSA LÓPEZ, Nicolás. "Prólogo". In: PESSOA, Fernando. *Mensaje*. Trad. de Nicolás Barbosa López. Medellín: Tragaluz, 2018, pp. 15-32.
_____ et al. "Portugal, o primeiro aviso de *Mensagem*". *Pessoa Plural — A Journal of Fernando Pessoa Studies*, n. 17, pp. 76-229, 2020.
BARRETO, José. "*Mensagem* e o prémio de poesia do SPN de 1934". In: PESSOA, Fernando. *Mensagem*. Ed. de Jerónimo Pizarro. Lisboa: Tinta-da-china, 2020, pp. 368-95.
CIRURGIÃO, António. *O "olhar esfíngico" da* Mensagem *de Pessoa*. Lisboa: Ministério da Educação; Instituto de Cultura e Língua Portuguesa, 1990.
_____. "Breve guia de leitura de *Mensagem*". In: PESSOA, Fernando. *Mensagem*. Ed. de Jerónimo Pizarro. Lisboa: Tinta-da-china, 2020, pp. 289-335.
MACEDO, Helder. "A *Mensagem* e as mensagens de Oliveira Martins e de Guerra Junqueiro". In: PESSOA, Fernando. *Mensagem*. Ed. de Jerónimo Pizarro. Lisboa: Tinta-da-china, 2020, pp. 348-67.
PESSOA, Fernando. *Mensagem, Poemas esotéricos*. Ed. crítica e coord. de José Augusto Seabra. Madri: CSIC, 1993. (Colección Archivos).
_____. *Mensagem e poemas publicados em vida*. vol. 1. Coord. de Ivo Castro e apres. e ed. de Luiz Fagundes Duarte. Lisboa: Imprensa Nacional; Casa da Moeda, 2018. (Coleção Edição Crítica das Obras de Fernando Pessoa).
_____. *Mensagem*. Ed. crítica de Jerónimo Pizarro. Lisboa: Tinta-da-china, 2020.
_____. *Mensagem*. Ed. de Jerónimo Pizarro. Lisboa: Tinta-da-china, 2021.

Mensagem

Benedictus dominus Deus noster qui dedit nobis Signum*

---

* "Bendito seja Deus nosso Senhor que nos deu o Verbo", ou mais literal: "Bendito [seja] Deus nosso Senhor que nos deu o Sinal". [N. E.]

Primeira parte
Brasão

Bellum sine bello*

---

* "A guerra sem a guerra." [N. E.]

I.
Os Campos

Primeiro
O dos Castelos

A Europa jaz, posta nos cotovelos:
De Oriente a Ocidente jaz, fitando,
E toldam-lhe românticos cabelos
Olhos gregos, lembrando.

O cotovelo esquerdo é recuado;
O direito é em ângulo disposto.
Aquele diz Itália onde é pousado;
Este diz Inglaterra onde, afastado,
A mão sustenta, em que se apoia o rosto.

Fita, com olhar esfíngico e fatal,
O Ocidente, futuro do passado.

O rosto com que fita é Portugal.

8 de dezembro de 1928

Segundo
O das Quinas

Os Deuses vendem quando dão.
Compra-se a glória com desgraça.
Ai dos felizes, porque são
Só o que passa!

Baste a quem baste o que lhe basta
O bastante de lhe bastar!
A vida é breve, a alma é vasta:
Ter é tardar.

Foi com desgraça e com vileza
Que Deus ao Cristo definiu:
Assim o opôs à Natureza
E Filho o ungiu.

8 de dezembro de 1928

II.
Os Castelos

Primeiro
Ulisses

O mito é o nada que é tudo.
O mesmo sol que abre os céus
É um mito brilhante e mudo —
O corpo morto de Deus,
Vivo e desnudo.

Este, que aqui aportou,
Foi por não ser existindo.
Sem existir nos bastou.
Por não ter vindo foi vindo
E nos criou.

Assim a lenda se escorre
A entrar na realidade,
E a fecundá-la decorre.
Em baixo, a vida, metade
De nada, morre.

[sem data]

Segundo
Viriato

Se a alma que sente e faz conhece
Só porque lembra o que esqueceu,
Vivemos, raça, por que houvesse
Memória em nós do instinto teu.

Nação porque reincarnaste,
Povo porque ressuscitou
Ou tu, ou o de que eras a haste —
Assim se Portugal formou.

Teu ser é como aquela fria
Luz que precede a madrugada,
E é já o ir a haver o dia
Na antemanhã, confuso nada.

22 de janeiro de 1934

Terceiro
O Conde D. Henrique

Todo começo é involuntário.
Deus é o agente.
O herói a si assiste, vário
E inconsciente.

À espada em tuas mãos achada
Teu olhar desce.
"Que farei eu com esta espada?"

Ergueste-a, e fez-se.

[sem data]

Quarto
D. Tareja

As nações todas são mistérios.
Cada uma é todo o mundo a sós.
Ó mãe de reis e avó de impérios,
Vela por nós!

Teu seio augusto amamentou
Com bruta e natural certeza
O que, imprevisto, Deus fadou.
Por ele reza!

Dê tua prece outro destino
A quem fadou o instinto teu!
O homem que foi o teu menino
Envelheceu.

Mas todo vivo é eterno infante
Onde estás e não há o dia.
No antigo seio, vigilante,
De novo o cria!

24 de setembro de 1928

Quinto
D. Afonso Henriques

Pai, foste cavaleiro.
Hoje a vigília é nossa.
Dá-nos o exemplo inteiro
E a tua inteira força!

Dá, contra a hora em que, errada,
Novos infiéis vençam,
A bênção como espada,
A espada como bênção!

[sem data]

Sexto
D. Dinis

Na noite escreve um seu Cantar de Amigo
O plantador de naus a haver,
E ouve um silêncio múrmuro consigo:
É o rumor dos pinhais que, como um trigo
De Império, ondulam sem se poder ver.

Arroio, esse cantar, jovem e puro,
Busca o oceano por achar;
E a fala dos pinhais, marulho obscuro,
É o som presente desse mar futuro,
É a voz da terra ansiando pelo mar.

9 de fevereiro de 1934

Sétimo (I)
D. João o Primeiro

O homem e a hora são um só
Quando Deus faz e a história é feita.
O mais é carne, cujo pó
A terra espreita.

Mestre, sem o saber, do Templo
Que Portugal foi feito ser,
Que houveste a glória e deste o exemplo
De o defender,

Teu nome, eleito em sua fama,
É, na ara da nossa alma interna,
A que repele, eterna chama,
A sombra eterna.

12 de fevereiro de 1934

Sétimo (II)
D. Filipa de Lencastre

Que enigma havia em teu seio
Que só génios concebia?
Que arcanjo teus sonhos veio
Velar, maternos, um dia?

Volve a nós teu rosto sério,
Princesa do Santo Gral,
Humano ventre do Império,
Madrinha de Portugal!

26 de setembro de 1928

III.
As Quinas

Primeira
D. Duarte, Rei de Portugal

Meu dever fez-me, como Deus ao mundo.
A regra de ser Rei almou meu ser,
Em dia e letra escrupuloso e fundo.

Firme em minha tristeza, tal vivi.
Cumpri contra o Destino o meu dever.
Inutilmente? Não, porque o cumpri.

26 de setembro de 1928

Segunda
D. Fernando, Infante de Portugal

Deu-me Deus o seu gládio, por que eu faça
A sua santa guerra.
Sagrou-me seu em honra e em desgraça,
Às horas em que um frio vento passa
Por sobre a fria terra.

Pôs-me as mãos sobre os ombros e doirou-me
A fronte com o olhar;
E esta febre de Além, que me consome,
E este querer grandeza são seu nome
Dentro em mim a vibrar.

E eu vou, e a luz do gládio erguido dá
Em minha face calma.
Cheio de Deus, não temo o que virá,
Pois, venha o que vier, nunca será
Maior do que a minha alma.

21 de julho de 1913

Terceira
D. Pedro, Regente de Portugal

Claro em pensar, e claro no sentir,
E claro no querer;
Indiferente ao que há em conseguir
Que seja só obter;
Dúplice dono, sem me dividir,
De dever e de ser —

Não me podia a Sorte dar guarida
Por não ser eu dos seus.
Assim vivi, assim morri, a vida,
Calmo sob mudos céus,
Fiel à palavra dada e à ideia tida.
Tudo mais é com Deus!

15 de fevereiro de 1934

Quarta
D. João, Infante de Portugal

Não fui alguém. Minha alma estava estreita
Entre tão grandes almas minhas pares,
Inutilmente eleita,
Virgemmente parada;

Porque é do português, pai de amplos mares,
Querer, poder só isto:
O inteiro mar, ou a orla vã desfeita —
O todo, ou o seu nada.

28 de março de 1930

Quinta
D. Sebastião, Rei de Portugal

Louco, sim, louco, porque quis grandeza
Qual a Sorte a não dá.
Não coube em mim minha certeza;
Por isso onde o areal está
Ficou meu ser que houve, não o que há.

Minha loucura, outros que me a tomem
Com o que nela ia.
Sem a loucura que é o homem
Mais que a besta sadia,
Cadáver adiado que procria?

20 de fevereiro de 1933

IV.
A Coroa

Nunálvares Pereira

Que auréola te cerca?
É a espada que, volteando,
Faz que o ar alto perca
Seu azul negro e brando.

Mas que espada é que, erguida,
Faz esse halo no céu?
É Excalibur, a ungida,
Que o Rei Artur te deu.

Esperança consumada,
S. Portugal em ser,
Ergue a luz da tua espada
Para a estrada se ver!

8 de dezembro de 1928

V.
O Timbre

A Cabeça do Grifo
O Infante D. Henrique

Em seu trono entre o brilho das esferas,
Com seu manto de noite e solidão,
Tem aos pés o mar novo e as mortas eras —
O único imperador que tem, deveras,
O globo mundo em sua mão.

26 de setembro de 1928

Uma Asa do Grifo
D. João o Segundo

Braços cruzados, fita além do mar.
Parece em promontório uma alta serra —
O limite da terra a dominar
O mar que possa haver além da terra.

Seu formidável vulto solitário
Enche de estar presente o mar e o céu,
E parece temer o mundo vário
Que ele abra os braços e lhe rasgue o véu.

26 de setembro de 1928

A Outra Asa do Grifo
Afonso de Albuquerque*

De pé, sobre os países conquistados
Desce os olhos cansados
De ver o mundo e a injustiça e a sorte.
Não pensa em vida ou morte,
Tão poderoso que não quer o quanto
Pode, que o querer tanto
Calcara mais do que o submisso mundo
Sob o seu passo fundo.
Três impérios do chão lhe a Sorte apanha.
Criou-os como quem desdenha.

[10 de julho de 1934]

* Em 1934, este poema substituiu um outro com o mesmo título; e terá sido depois de 10 de julho de 1934 — data que ainda figura num testemunho do primeiro — que este segundo foi escrito. [N. E.]

Segunda parte
Mar Português

Possessio maris*

---

* "Posse do mar." [N.E.]

I.

O Infante

Deus quer, o homem sonha, a obra nasce.
Deus quis que a terra fosse toda uma,
Que o mar unisse, já não separasse.
Sagrou-te, e foste desvendando a espuma,

E a orla branca foi de ilha em continente,
Clareou, correndo, até ao fim do mundo,
E viu-se a terra inteira, de repente,
Surgir, redonda, do azul profundo.

Quem te sagrou criou-te português.
Do mar e nós em ti nos deu sinal.
Cumpriu-se o Mar, e o Império se desfez.
Senhor, falta cumprir-se Portugal!

[1921-1922?]

II.

Horizonte

Ó mar anterior a nós, teus medos
Tinham coral e praias e arvoredos!
Desvendadas a noite e a cerração,
As tormentas passadas e o mistério,
Abria em flor o Longe, e o Sul sidéreo
Esplendia sobre as naus da iniciação.

Linha severa da longínqua costa —
Quando a nau se aproxima, ergue-se a encosta
Em árvores onde o Longe nada tinha;
Mais perto, abre-se a terra em sons e cores;
E, no desembarcar, há aves, flores,
Onde era só, de longe, a abstrata linha.

O sonho é ver as formas invisíveis
Da distância imprecisa, e, com sensíveis
Movimentos da esperança e da vontade,
Buscar na linha fria do horizonte
A árvore, a praia, a flor, a ave, a fonte —
Os beijos merecidos da Verdade.

[1921-1922?]

III.

Padrão

O esforço é grande e o homem é pequeno.
Eu, Diogo Cão, navegador, deixei
Este padrão ao pé do areal moreno
e para diante naveguei.

A alma é divina e a obra é imperfeita.
Este padrão sinala ao vento e aos céus
Que, da obra ousada, é minha a parte feita:
O por-fazer é só com Deus.

E ao imenso e possível oceano
Ensinam estas Quinas, que aqui vês,
Que o mar com fim será grego ou romano:
O mar sem fim é português.

E a Cruz ao alto diz que o que me há na alma
E faz a febre em mim de navegar
Só encontrará de Deus na eterna calma
O porto sempre por achar.

13 de setembro de 1918

IV.

O Mostrengo

O mostrengo que está no fim do mar
Na noite de breu ergueu-se a voar;
À roda da nau voou três vezes,
Voou três vezes a chiar,
E disse, "Quem é que ousou entrar
Nas minhas cavernas que não desvendo,
Meus tetos negros do fim do mundo?"
E o homem do leme disse, tremendo,
"El-Rei D. João Segundo!"

"De quem são as velas onde me roço?
De quem as quilhas que vejo e ouço?"
Disse o mostrengo, e rodou três vezes,
Três vezes rodou imundo e grosso,
"Quem vem poder o que só eu posso,
Que moro onde nunca ninguém me visse
E escorro os medos do mar sem fundo?"
E o homem do leme tremeu, e disse,
"El-Rei D. João Segundo!"

Três vezes do leme as mãos ergueu,
Três vezes ao leme as reprendeu,
E disse no fim de temer três vezes,
"Aqui ao leme sou mais do que eu:
Sou um Povo que quer o mar que é teu;
E mais que o mostrengo, que me a alma teme

E roda nas trevas do fim do mundo,
Manda a vontade, que me ata ao leme,
De El-Rei D. João Segundo!"

9 de setembro de 1918

V.
Epitáfio de Bartolomeu Dias

Jaz aqui, na pequena praia extrema,
O Capitão do Fim. Dobrado o Assombro,
O mar é o mesmo: já ninguém o tema!
Atlas, mostra alto o mundo no seu ombro.

[sem data]

VI.
Os Colombos

Outros haverão de ter
O que houvermos de perder.
Outros poderão achar
O que, no nosso encontrar,
Foi achado, ou não achado,
Segundo o destino dado.

Mas o que a eles não toca
É a Magia que evoca
O Longe e faz dele história.
E por isso a sua glória
É justa auréola dada
Por uma luz emprestada.

2 de abril de 1934

VII.

Ocidente

Com duas mãos — o Ato e o Destino —
Desvendámos. No mesmo gesto, ao céu
Uma ergue o facho trémulo e divino
E a outra afasta o véu.

Fosse a hora que haver ou a que havia
A mão que ao Ocidente o véu rasgou,
Foi alma a Ciência e corpo a Ousadia
Da mão que desvendou.

Fosse Acaso, ou Vontade, ou Temporal
A mão que ergueu o facho que luziu,
Foi Deus a alma e o corpo Portugal
Da mão que o conduziu.

[sem data]

VIII.

Fernão de Magalhães

No vale clareia uma fogueira.
Uma dança sacode a terra inteira.
E sombras disformes e descompostas
Em clarões negros do vale vão
Subitamente pelas encostas,
Indo perder-se na escuridão.

De quem é a dança que a noite aterra?
São os Titãs, os filhos da Terra,
Que dançam da morte do marinheiro
Que quis cingir o materno vulto —
Cingi-lo, dos homens, o primeiro —,
Na praia ao longe por fim sepulto.

Dançam, nem sabem que a alma ousada
Do morto ainda comanda a armada,
Pulso sem corpo ao leme a guiar
As naus no resto do fim do espaço:
Que até ausente soube cercar
A terra inteira com seu abraço.

Violou a Terra. Mas eles não
O sabem, e dançam na solidão;
E sombras disformes e descompostas,
Indo perder-se nos horizontes,
Galgam do vale pelas encostas
Dos mudos montes.

[*c.* 10 de janeiro de 1922]

IX.

Ascensão de Vasco da Gama

Os Deuses da tormenta e os gigantes da terra
Suspendem de repente o ódio da sua guerra
E pasmam. Pelo vale onde se ascende aos céus
Surge um silêncio, e vai, da névoa ondeando os véus,
Primeiro um movimento e depois um assombro.
Ladeiam-no, ao durar, os medos, ombro a ombro.
E ao longe o rastro ruge em nuvens e clarões.

Em baixo, onde a terra é, o pastor gela, e a flauta
Cai-lhe, e em êxtase vê, à luz de mil trovões,
O céu abrir o abismo à alma do Argonauta.

10 de janeiro de 1922

X.

Mar Português

Ó mar salgado, quanto do teu sal
São lágrimas de Portugal!
Por te cruzarmos, quantas mães choraram,
Quantos filhos em vão rezaram!
Quantas noivas ficaram por casar
Para que fosses nosso, ó mar!

Valeu a pena? Tudo vale a pena
Se a alma não é pequena.
Quem quer passar além do Bojador
Tem que passar além da dor.
Deus ao mar o perigo e o abismo deu,
Mas nele é que espelhou o céu.

[1921-1922?]

XI.

A Última Nau

Levando a bordo El-Rei D. Sebastião,
E erguendo, como um nome, alto o pendão
Do Império,
Foi-se a última nau, ao sol aziago
Erma, e entre choros de ânsia e de pressago
Mistério.

Não voltou mais. A que ilha indescoberta
Aportou? Voltará da sorte incerta
Que teve?
Deus guarda o corpo e a forma do futuro,
Mas Sua luz projeta-o, sonho escuro
E breve.

Ah, quanto mais ao povo a alma falta,
Mais a minha alma atlântica se exalta
E entorna,
E em mim, num mar que não tem tempo ou espaço,
Vejo entre a cerração teu vulto baço
Que torna.

Não sei a hora, mas sei que há a hora.
Demore-a Deus, chame-lhe a alma embora
Mistério.
Surges ao sol em mim, e a névoa finda:
A mesma, e trazes o pendão ainda
Do Império.

[sem data]

XII.

Prece

Senhor, a noite veio e a alma é vil.
Tanta foi a tormenta e a vontade!
Restam-nos hoje, no silêncio hostil,
O mar universal e a saudade.

Mas a chama, que a vida em nós criou,
Se ainda há vida ainda não é finda.
O frio morto em cinzas a ocultou:
A mão do vento pode erguê-la ainda.

Dá o sopro, a aragem — ou desgraça ou ânsia —,
Com que a chama do esforço se remoça,
E outra vez conquistemos a Distância —
Do mar ou outra, mas que seja nossa!

31 de dezembro de 1921/1º de janeiro de 1922

Terceira parte
O Encoberto

Pax in excelsis*

---

* "Paz nas alturas." [N.E.]

I.
Os Símbolos

Primeiro
D. Sebastião

Esperai! Caí no areal e na hora adversa
Que Deus concede aos seus
Para o intervalo em que esteja a alma imersa
Em sonhos que são Deus.

Que importa o areal e a morte e a desventura
Se com Deus me guardei?
É O que eu me sonhei que eterno dura,
É Esse que regressarei.

[sem data]

Segundo

O Quinto Império

Triste de quem vive em casa,
Contente com o seu lar,
Sem que um sonho, no erguer de asa,
Faça até mais rubra a brasa
Da lareira a abandonar!

Triste de quem é feliz!
Vive porque a vida dura.
Nada na alma lhe diz
Mais que a lição da raiz —
Ter por vida a sepultura.

Eras sobre eras se somem
No tempo que em eras vem.
Ser descontente é ser homem.
Que as forças cegas se domem
Pela visão que a alma tem!

E assim, passados os quatro
Tempos do ser que sonhou,
A terra será teatro
Do dia claro, que no atro
Da erma noite começou.

Grécia, Roma, Cristandade,
Europa — os quatro se vão

Para onde vai toda idade.
Quem vem viver a verdade
Que morreu D. Sebastião?

21 de fevereiro de 1933

Terceiro
O Desejado

Onde quer que, entre sombras e dizeres,
Jazas, remoto, sente-te sonhado,
E ergue-te do fundo de não-seres
Para teu novo fado!

Vem, Galaaz com pátria, erguer de novo,
Mas já no auge da suprema prova,
A alma penitente do teu povo
À Eucaristia Nova.

Mestre da Paz, ergue teu gládio ungido,
Excalibur do Fim, em jeito tal
Que sua Luz ao mundo dividido
Revele o Santo Gral!

18 de janeiro de 1934

Quarto
As Ilhas Afortunadas

Que voz vem no som das ondas
Que não é a voz do mar?
É a voz de alguém que nos fala,
Mas que, se escutamos, cala,
Por ter havido escutar.

E só se, meio dormindo,
Sem saber de ouvir ouvimos,
Que ela nos diz a esperança
A que, como uma criança
Dormente, a dormir sorrimos.

São ilhas afortunadas,
São terras sem ter lugar,
Onde o Rei mora esperando.
Mas, se vamos despertando,
Cala a voz, e há só o mar.

26 de março de 1934

Quinto
O Encoberto

Que símbolo fecundo
Vem na aurora ansiosa?
Na Cruz morta do Mundo
A Vida, que é a Rosa.

Que símbolo divino
Traz o dia já visto?
Na Cruz, que é o Destino,
A Rosa, que é o Cristo.

Que símbolo final
Mostra o sol já desperto?
Na Cruz morta e fatal
A Rosa do Encoberto.

21 de fevereiro de 1933/11 de fevereiro de 1934

II.
Os Avisos

Primeiro
O Bandarra

Sonhava, anónimo e disperso,
O Império por Deus mesmo visto,
Confuso como o Universo
E plebeu como Jesus Cristo.

Não foi nem santo nem herói,
Mas Deus sagrou com Seu sinal
Este, cujo coração foi
Não português mas Portugal.

[Dezembro de 1928]/28 de março de 1930

Segundo
António Vieira

O céu estrela o azul e tem grandeza.
Este, que teve a fama e à glória tem,
Imperador da língua portuguesa,
Foi-nos um céu também.

No imenso espaço seu de meditar,
Constelado de forma e de visão,
Surge, prenúncio claro do luar,
El-Rei D. Sebastião.

Mas não, não é luar: é luz do etéreo.
É um dia; e, no céu amplo de desejo,
A madrugada irreal do Quinto Império
Doira as margens do Tejo.

31 de julho de 1929

Terceiro*

Escrevo meu livro à beira-mágoa.
Meu coração não tem que ter.
Tenho meus olhos quentes de água.
Só tu, Senhor, me dás viver.

Só te sentir e te pensar
Meus dias vácuos enche e doura.
Mas quando quererás voltar?
Quando é o Rei? Quando é a Hora?

Quando virás a ser o Cristo
De a quem morreu o falso Deus,
E a despertar do mal que existo
A Nova Terra e os Novos Céus?

Quando virás, ó Encoberto,
Sonho das eras português,
Tornar-me mais que o sopro incerto
De um grande anseio que Deus fez?

Ah, quando quererás, voltando,
Fazer minha esperança amor?
Da névoa e da saudade quando?
Quando, meu Sonho e meu Senhor?

10 de dezembro de 1928

* Pessoa confessa, num esquema manuscrito por cima do testemunho datilografado do poema "Corte-Real" (ou "Noite"), que este aviso é dele ("meu"). [N. E.]

III.
Os Tempos

Primeiro
Noite

A nau de um deles tinha-se perdido
No mar indefinido.
O segundo pediu licença ao Rei
De, na fé e na lei
Da descoberta, ir em procura
Do irmão no mar sem fim e a névoa escura.

Tempo foi. Nem primeiro nem segundo
Volveu do fim profundo
Do mar ignoto à pátria, por quem dera
O enigma que fizera.
Então o terceiro a El-Rei rogou
Licença de os buscar, e El-Rei negou.

*

Como a um cativo, o ouvem a passar
Os servos do solar,
E, quando o veem, veem a figura
Da febre e da amargura,
Com fixos olhos rasos de ânsia
Fitando a proibida azul distância.

*

Senhor, os dois irmãos do nosso Nome —
O Poder e o Renome —
Ambos se foram pelo mar da idade   ›

À tua eternidade;
E com eles de nós se foi
O que faz a alma poder ser de herói.

Queremos ir buscá-los, desta vil
Nossa prisão servil:
É a busca de quem somos, na distância
De nós; e, em febre de ânsia,
A Deus as mãos alçamos.
Mas Deus não dá licença que partamos.

[*c.* 26 de fevereiro de 1934]*

---

* O poema figura em esboços de organização de "Mar Português" anteriores a esta data, pelo que é possível a existência de versos preliminares ou algum rascunho. [N. E.]

Segundo
Tormenta

Que jaz no abismo sob o mar que se ergue?
Nós, Portugal, o poder ser.
Que inquietação do fundo nos soergue?
O desejar poder querer.

Isto, e o mistério de que a noite é o fausto...
Mas súbito, onde o vento ruge,
O relâmpago, farol de Deus, um hausto
Brilha, e o mar escuro estruge.

26 de fevereiro de 1934

Terceiro
Calma

Que costa é que as ondas contam
E se não pode encontrar
Por mais naus que haja no mar?
O que é que as ondas encontram
E nunca se vê surgindo?
Este som de o mar praiar
Onde é que está existindo?

Ilha próxima e remota,
Que nos ouvidos persiste,
Para a vista não existe.
Que nau, que armada, que frota
Pode encontrar o caminho
À praia onde o mar insiste,
Se à vista o mar é sozinho?

Haverá rasgões no espaço
Que deem para outro lado,
E que, um deles encontrado,
Aqui, onde há só sargaço,
Surja uma ilha velada,
O país afortunado
Que guarda o Rei desterrado
Em sua vida encantada?

15 de fevereiro de 1934

Quarto
Antemanhã

O mostrengo que está no fim do mar
Veio das trevas a procurar
A madrugada do novo dia,
Do novo dia sem acabar;
E disse, "Quem é que dorme a lembrar
Que desvendou o Segundo Mundo,
Nem o Terceiro quer desvendar?"

E o som na treva de ele rodar
Faz mau o sono, triste o sonhar.
Rodou e foi-se o mostrengo servo
Que seu senhor veio aqui buscar,
Que veio aqui seu senhor chamar —
Chamar Aquele que está dormindo
E foi outrora Senhor do Mar.

8 de julho de 1933

Quinto
Nevoeiro

Nem rei nem lei, nem paz nem guerra,
Define com perfil e ser
Este fulgor baço da terra
Que é Portugal a entristecer —
Brilho sem luz e sem arder,
Como o que o fogo-fátuo encerra.

Ninguém sabe que coisa quer.
Ninguém conhece que alma tem,
Nem o que é mal nem o que é bem.
(Que ânsia distante perto chora?)
Tudo é incerto e derradeiro.
Tudo é disperso, nada é inteiro.
Ó Portugal, hoje és nevoeiro…

É a Hora!

*Valete, Fratres.**

10 de dezembro de 1928

---

* "Adeus, Irmãos" ou "Saúde, Irmãos". Hipógrafe que fecha o livro com uma fórmula fraternal. [N. E.]

Mensagem, uma arquitetura simbólica

Ida Alves*

Fernando Pessoa é, no Brasil, um poeta bastante admirado, tanto que muitos utilizam seu nome para atrair imediata atenção, como assinatura de poemas falsos, mensagens de autoajuda que circulam nas redes sociais e em outros espaços da rede eletrônica. Textos muito diferentes do que o escritor português realmente escreveu e deixou em sua arca-arquivo, sem publicação, até seu falecimento em Lisboa, com 47 anos, em 30 de novembro de 1935.

Desde então o espólio pessoano, estudado por importantes pesquisadores literários, revelou milhares de documentos: esboços de diferentes obras, projetos não realizados, poemas e textos em prosa sobre diferentes temas, fragmentos diversos, anotações reflexivas, listas de livros, planos de trabalho etc. Tais materiais, sob guarda da Biblioteca Nacional de Portugal, em Lisboa, vêm sendo, ao longo das décadas, do século XX ao atual, examinados, classificados, editados, reeditados, discutidos criticamente. Os estudos incidem sobre múltiplos aspectos de sua obra e debatem diferentes problemas, a começar por questões de crítica textual, por haver muitos manuscritos e datiloscritos, parcialmente realizados ou organizados em obras incompletas com correções em diferentes momentos.

---

* Professora titular de literatura portuguesa do Instituto de Letras da Universidade Federal Fluminense, atuando no programa de pós-graduação em estudos de literatura. Vice-coordenadora do polo de pesquisas luso-brasileiras do Real Gabinete Português de Leitura. Pesquisadora do CNPq.

Uma verdadeira floresta, com seus troncos e inúmeros ramos, para usar uma metáfora afim de labirinto, como reflete um outro escritor português mais próximo de nós, Carlos de Oliveira (1921-81), no texto "Na floresta", de *O aprendiz de feiticeiro* (in *Obras de Carlos de Oliveira*, 1992), em que se refere a Pessoa como "complicado pensador de sentimentos" (pp. 529-54). Quem se debruça sobre a obra pessoana precisará, portanto, conhecer também as muitas trilhas para editar o seu espólio e compreender as muitas camadas interpretativas motivadas por sua leitura e análise. Há a esse respeito uma vasta bibliografia que os leitores mais interessados poderão pesquisar, além de visitar, on-line, a Casa Fernando Pessoa,* site fundamental para conhecer muitos aspectos da vida e obra pessoana, conhecer até mesmo sua biblioteca, com os livros digitalizados.

O autor português, com seu universo de personas como Álvaro de Campos, Alberto Caeiro e Ricardo Reis, Bernardo Soares, António Mora e muitos outros semi-heterônimos,** publicou em vida apenas um livro de poesia, intitulado *Mensagem*. A história dessa publicação é relativamente clara: o poeta resolveu reunir num volume um conjunto de poemas, alguns já

---

* Visite <www.casafernandopessoa.pt/pt/cfp>. ** Fernando Cabral Martins, na edição de *Mensagem* organizada para a editora portuguesa Assírio & Alvim, logo no primeiro parágrafo do posfácio estaca um comentário pessoano em *Páginas íntimas e de autointerpretação*, publicado em 1966, no capítulo central "Para a explicação da heteronímia": "Desejo ser um criador de mitos, que é o mistério mais alto que pode obrar alguém da humanidade" (2004, p. 103). Também a edição portuguesa organizada por Jerónimo Pizarro, para a Editora Tinta-da-china (2020), em sua apresentação, inicia com essa mesma afirmação pessoana (p. 13). Aliás, essa apresentação é bastante explicativa sobre a gênese de *Mensagem*, os problemas ecdóticos, a cronologia interna e o contexto de sua realização. Oferece ao final de *Mensagem* farta documentação textual e estudos assinados por António Cirurgião, Helder Macedo e José Barreto. Edição bastante generosa em informações para o leitor mais curioso sobre essa obra pessoana.

publicados* isoladamente em revistas e jornais de seu tempo, para concorrer ao prêmio Antero de Quental, promovido pelo Secretariado de Propaganda Nacional,** em 1933, com duas categorias (A, mais de cem páginas, e B, menos de cem páginas). No resultado final, foi-lhe dado o prêmio da categoria B porque o livro não apresentava a quantidade requerida de páginas para a categoria A. O prêmio de categoria A foi dado ao sacerdote Vasco Reis, com o livro *Romaria*. Quem sabe hoje desse sacerdote e de seu livro? Apenas sabemos de Fernando Pessoa e de seu *Mensagem*, publicado em 1934. Assim, gira a roda literária.

Mensagem é um livro arquitetado simbolicamente, como o leitor perceberá ao longo de sua análise. Dividido em três partes (e três representa a perfeição, segundo a teoria do filósofo e matemático Pitágoras), "Brasão", "Mar Português" e "O Encoberto", reúne poemas admiráveis que apresentam um modo muito pessoano de compreender a história portuguesa e seu legado no mundo. Em certo sentido, podemos dizer que tal obra responde a *Os lusíadas* (1572), do poeta clássico Luís Vaz de Camões, epopeia que se tornaria a imagem dominante de Portugal. Pessoa não cita o nome dele em *Mensagem*. Aliás, diria, em

---

* Pessoa, no seu exemplar da primeira edição de *Mensagem* (ver na Casa Pessoa), indicou à mão datas provavelmente de elaboração. Assim, temos poemas de 1913, 1918, 1928, 1929, 1930, 1933 e 1934. Algumas edições indicam essa datação de poemas, como a da Editorial Nova Ática (2006). Pesquisas mais recentes no espólio, iniciadas em 2018, encontraram novos dados sobre o material que viria a compor *Mensagem* e, antes dele, um projeto intitulado "Portugal", já em formulação em 1910. Para mais detalhes, ver Cipriano e Casinhas, "Dos envelopes esquecidos à 'Mensagem'. Como se construiu a nova edição crítica do mais famoso livro de Fernando Pessoa" (2020). Disponível em: <observador.pt/especiais/dos-envelopes-esquecidos-a-mensagem-como-se-construiu-a-nova-edicao-critica-do-mais-famoso-livro-de-fernando-pessoa/>. Acesso em: 8 fev. 2022.   ** A respeito desse Secretariado e suas funções, no contexto do governo salazarista, ler o estudo "Mensagem e o prémio de poesia do SPN de 1934", por José Barreto, reproduzido na edição já citada de Pizarro (2020), seguido da transcrição da ata referente.

texto em prosa, que ainda surgiria um "supra-Camões"...* provavelmente ele próprio, sonhando suas obras e escrevendo-as ao longo de sua vida numa Lisboa pequena das primeiras décadas do século XX. No entanto, sem citar Camões, os poemas que formam *Mensagem* formam também uma espécie de epopeia, não como a camoniana, sobre a viagem marítima para as Índias (1498), com Vasco da Gama e seus nautas, seus sucessos e insucessos que a história registrou, mas uma viagem interior, cultural, simbólica, que seleciona determinadas figuras históricas por aspectos especiais que ultrapassam a referencialidade de suas vidas humanas. Trata-se então de destacar na história de Portugal, país constituído como nação no século XII, que manteve suas fronteiras até o presente e se lançou ao mar, com sua segunda dinastia real, a de Avis, em busca de grandeza mercantil e imperial, certos personagens portugueses da realeza e da sua cultura marítima delineados pelo poeta como figuras simbólicas de paixões, de ideais e de ações sobre-humanas.

Para sustentar também essa arquitetura poemática simbólica, Pessoa escreveu esses poemas utilizando uma grafia, como explicou David Mourão-Ferreira, na sexta edição portuguesa de 1959, na série Obras Completas de Fernando Pessoa, da Editorial Nova Ática, "já então antiquada, arcaica na acentuação, exuberante de consoantes dobradas, eriçada de agressivos yy e de outras letras constituindo um verdadeiro peso morto. Fê-lo com toda a consciência, e por motivos que lhe pareciam válidos, atento sobretudo ao que neste livro se prende ao passado, e de passado se nutre e se reclama" (2006, p. 11). Nas edições a partir de 1959, ocorreu a atualização, com o fim de ser "oficialmente adotado para o ensino" (2006, p. 13). Nesta nova

---

* Ver Fernando J. B. Martinho, "Supra-Camões". *Modernismo, Arquivo Virtual da Geração de Orpheu*. Disponível em: <modernismo.pt/index.php/s/828-supra-camoes>. Acesso em: 25 jan. 2022.

edição brasileira, apresentada por Jerónimo Pizarro, para um público mais jovem, mantém-se a atualização, o que facilita a leitura, ainda que perca um pouco desse espírito do tempo que a grafia original de efeito arcaizante carregaria, enfatizando o caráter ao mesmo tempo histórico e mítico dos personagens citados nos versos. No entanto, Pessoa não se importaria com isso.*

Mensagem articula poemas que nos dão a ver uma nação que almeja ser grande pela força de seus ideais e de seus projetos espirituais. Não é, portanto, um livro fácil de ser compreendido pelo leitor apressado de hoje, ainda mais não português. É preciso ler os poemas com algum conhecimento da longa história de Portugal e com uma abertura ao seu teor hermético, que mescla referências diversas oriundas da Bíblia e de interpretações esotéricas ou de ordens iniciáticas como Cabala, Maçonaria e Rosa-Cruz, sistemas de pensamento que sempre atraíram o escritor na sua ânsia de conhecimento para além do saber institucionalizado.

Por ter sido o único livro publicado por Pessoa, um ano antes de morrer, tal volume apresenta-nos uma arquitetura definida pelo poeta que nos revela um modo muito próprio de entender a portugalidade, mais do que isso, de compreender nossa humanidade trágica e utópica, ao mesmo tempo tão poderosa por sua capacidade de sonhar e criar, tão frágil por sua finitude e impossibilidades. Um livro de ideais em torno de fatos que a memória de um povo guardou,

---

* David Mourão-Ferreira cita um fragmento da carta de Pessoa ao crítico João Gaspar Simões, datada de 19 de dezembro de 1930: "Se é certo que, por diversas razões, uso da ortografia antiga, isso não quer dizer que me importe que vocês ponham o que eu enviar para a *Presença* em ortografia moderna, ainda que eu me não tenha lembrado de o fazer. V. fica desde já autorizado em absoluto a reortografar como melhor lhe parecer ou convier o que eu lhe enviar para aí" (Fernando Pessoa, *Cartas de Fernando Pessoa a João Gaspar Simões*. Lisboa: Europa-América, 1957, apud 2006, p. 75).

envolvendo o leitor com seus enigmas e a beleza de imagens e de emoções diversas elaboradas por um pensamento complexo da existência individual e coletiva.

Como referimos, muito já se escreveu sobre *Mensagem* e tais estudos* podem ser encontrados em bibliotecas e na rede. Não pretendemos aqui, naturalmente, repeti-los. Contudo, para o leitor que se inicia no universo pessoano a partir de *Mensagem*, é útil indicar ou explicar algumas citações, personagens evocados, questões abordadas, o que pode auxiliar na compreensão primeira dessa obra.

Na introdução a esta edição, Jerónimo Pizarro explica o título deste livro originalmente pensado, *Portugal*, e a transformação para o título final, *Mensagem*. Num jogo de significados ocultos/revelados, a segunda opção se afirma mais de acordo com o próprio conteúdo dos poemas reunidos, que apontam um passado de ousadias e superações em contraste com um presente incerto e enfraquecido. O livro torna-se na sua unidade textual realmente uma mensagem, uma memória e um alerta, um impulso para a metamorfose que precisa ser feita. No último poema, intitulado "Nevoeiro", é escrito: "Ninguém sabe que coisa quer./ Ninguém conhece que alma

---

* Citamos nas referências as principais edições desde os anos 1990 de *Mensagem*. Porém, é de justiça destacar, entre os estudos brasileiros, a produção ensaística de Cleonice Berardinelli, professora emérita da Universidade Federal do Rio de Janeiro, nome incontornável dos estudos portugueses no Brasil, responsável pela formação de inúmeros professores brasileiros de literatura portuguesa. Membro da Academia Brasileira de Letras, dona Cleonice completou 105 anos em 2021. Dela é uma edição brasileira de *Mensagem* (2014) de importância pelas notas e pelo conjunto de estudos próprios reunidos. Também devemos citar o detalhado estudo de Clécio Quesado, em *Mensagem, de Pessoa, labirintos de um poema* (2014), em que analisa todos os poemas desse livro pessoano. Houve uma edição anterior, com o título *Labirintos de um "Livro à beira-mágoa": Análise de Mensagem, de Fernando Pessoa* (Rio de Janeiro: Editora Elo, 1999).

tem,/ Nem o que é mal nem o que é bem./ (Que ânsia distante perto chora?)/ Tudo é incerto e derradeiro./ Tudo é disperso, nada é inteiro./ Ó Portugal, hoje és nevoeiro...// É a Hora!// *Valete, Fratres*". É a Hora de quê? De qual transformação ou de qual combate ou revelação o poeta fala? Não sabemos objetivamente, e esse não saber talvez seja o motivo que nos faz ler e reler *Mensagem*, uma travessia lírica da condição humana.

Brasão

As três partes que organizam a obra definem com certa clareza núcleos de significação. No início do livro, apresenta-se uma invocação precisa: *Benedictus dominus Deus noster qui dedit nobis Signum* [Bendito seja Deus Nosso Senhor que nos deu o Sinal]. A partir disso, cada parte apresenta uma epígrafe.* Na primeira parte, "Brasão",** com suas cinco subdivisões ("Os Campos", "Os Castelos", "As Quinas", "A Coroa" e "O Timbre"), seguimos um olhar singularizado sobre a origem de Portugal, mítico com Ulisses e histórico com aquele que se transformaria no primeiro herói português, Viriato (181-139 a.C.), líder de uma pequena tribo lusitana, numa localidade incerta a sudoeste da Península Ibérica, onde se formaria, séculos mais tarde, Portugal. A história, que vem desde os compiladores romanos, é que Viriato enfrentou os romanos e venceu alguns

---

* Nessa primeira parte: *Bellum sine bello* [A guerra sem a guerra]. Na segunda, *Possessio Maris* [Posse do mar] e na terceira, *Pax in excelsis* [Paz nas alturas].
** Trata-se do brasão de armas do rei d. João II, com reinado de 28 de agosto de 1481 a 25 de outubro de 1495, que pode ser visualizado em <i.redd.it/4k1va7iw8et41.jpg>. Notem o grifo (o timbre), sobre a coroa, o escudo com o campo vermelho onde estão sete castelos e o campo branco onde aparecem as cinco quinas. Em cada quina, cinco moedas. As quinas formam uma cruz, com as moedas da quina do centro sendo contadas duas vezes. Totalizam-se trinta moedas, o valor pelo qual Judas traiu Jesus.

confrontos, sem se render, até que foi assassinado num ato de traição de seus homens subornados por Roma.

Nessa parte inicial, unindo mito e passado longínquo, convocam-se personagens históricos importantes para a constituição de Portugal na Idade Média e até o Renascimento, configurando os respectivos poemas a imagem do "Brasão". Assim, em "Os Castelos", serão referidos o conde d. Henrique e d. Tareja (pais do primeiro rei português), d. Afonso Henriques (o primeiro rei de Portugal, iniciador da dinastia Afonsina), d. Dinis, d. João o Primeiro (o qual inaugura a segunda dinastia, Avis) e d. Filipa de Lencastre (sua esposa, mãe da chamada "Ínclita Geração"), seus quatro filhos, que serão evocados na terceira subdivisão, "As Quinas": d. Duarte (o primogênito, que será rei de Portugal, na morte do pai), d. Fernando, d. Pedro, d. João. Como última quina, d. Sebastião (rei que findará a dinastia de Avis). Na subdivisão "A Coroa", Nunálvares Pereira (nobre e general português, grande herói que lutou ao lado de d. João I para estabelecimento da dinastia de Avis, na crise de 1383-5). Na quinta e última subdivisão dessa parte, "O Timbre", estão o infante d. Henrique, d. João o Segundo e Afonso de Albuquerque. Desde o casal que herdou as terras de Portucale até seus descendentes que aumentaram o território, demarcando as atuais fronteiras de Portugal, e se lançaram ao mar em busca de ampliação de seus limites, Pessoa destaca para cada um determinadas marcas materiais que explicam sua nobreza, como também marcas espirituais que os tornaram de alguma forma superiores a outros personagens históricos, dignos de memória e de estarem nessa epopeia da alma portuguesa. Como exemplo, d. Sebastião, último rei da dinastia de Avis, o qual nas páginas da história levou Portugal a uma batalha fracassada, no norte de África, nas areias de Alcácer-Quibir, onde morreria (1578), iniciando um período desastroso de perda de sua autonomia como país, já que, sem descendentes, o rei desaparecido acabaria substituído no trono por seu primo, Filipe, rei da Espanha, o que provocou sessenta anos de União Ibérica. Mas, nos versos pessoanos, d. Sebastião é um símbolo de excesso, de sonho extremado que rompe todos os limites da razão. Exalta-se a sua loucura, "[...] porque quis grandeza/ Qual a Sorte a não dá./ Não coube em mim minha certeza;/ Por isso onde o areal está/ Ficou meu ser que houve, não o que há". Note-se: o que houve, o corpo, a vil matéria frágil, essa ficou na areia do local de combate, mas o que há é o sonho de grandeza, a loucura de ir além dos limites, da vida para o mito.

Assim são tratadas as figuras históricas em *Mensagem*. Não se repetem simplesmente dados que qualquer livro de história portuguesa poderia fornecer, mas destacam-se determinados gestos, ações singulares que revelam nesses homens e mulheres do passado algo maior, algo para além deles, que o poeta recupera e transforma numa leitura espiritual da formação da nação portuguesa. Num dos mais bonitos poemas da subdivisão "Os Castelos", dedicado a d. Dinis, temos não o rei-lavrador que a história nos dá a ver (reinado de 1279 a 1325), e sim o trovador, o rei-poeta, com seu cantar de amigo, o qual, plantando pinhais no litoral português, plantou a madeira que, no futuro de seus descendentes, serviria para construir as naus em busca do "oceano por achar". E o som dos pinhais, "marulho obscuro", mescla-se com o som das ondas, desse mar tão onipresente na geografia portuguesa e em seu imaginário de navegadores que vão dar "mundos ao mundo".

É nessa direção que o texto de *Mensagem* parece lembrar *Os lusíadas*, mas dele se afasta. Camões se preocupa em contar, reino por reino, fatos, façanhas, lutas e combates que marcaram os diferentes reinados portugueses, ao longo de duas dinastias, a Afonsina e a de Avis, que terminou com a morte de d. Sebastião. (Lembremos que a epopeia camoniana é oferecida a d. Sebastião, jovem rei, em 1572. Ele morreria seis anos depois, na Batalha de Alcácer-Quibi.) Já Pessoa somente escolhe algumas dessas figuras, as quais, em sua perspectiva espiritualista, significariam, com suas vidas humanas e seus gestos de ousadia, seres que foram além de sua condição finita e enfrentaram seus medos e limites, deram suas vidas frágeis para construir um legado coletivo, a nação, um modo de ser e estar no mundo. Sem dúvida, *Mensagem* é, na sua composição, um livro nacionalista, no entanto, um nacionalismo espiritual, da alma, e não de expansão imperialista e colonialista.

Mar Português

Na segunda parte, "Mar Português", afirma-se a expansão marítima que a geração de Avis realizou, mas também a sua derrocada. É o tempo da realização e da queda. Em sua arquitetura narrativa, acompanhamos o infante d. Henrique, o fundador da chamada "Escola de Sagres", que impulsionou a aventura marítima. Nessa parte, o diálogo com o canto V de *Os lusíadas* fica mais evidenciado, pois narram-se momentos dos navegantes que realizaram as viagens de circum-navegação, do caminho marítimo para as Índias, expandindo Portugal a outros horizontes, afirmando a grandeza humana na sua capacidade de enfrentar o desconhecido e de cumprir os mais ousados projetos, ainda que o preço a pagar fosse alto, mesmo a vida. Disso é emblemático o poema "O Mostrengo", no qual o homem do leme enfrenta "O mostrengo que está no fim do mar", em referência inevitável a Adamastor, de *Os lusíadas*.

"*De quem são as velas onde me roço?*
De quem as quilhas que vejo e ouço?"

Disse o mostrengo, e rodou três vezes,
Três vezes rodou imundo e grosso,
"Quem vem poder o que só eu posso,
Que moro onde nunca ninguém me visse
E escorro os medos do mar sem fundo?"
[...]

"Aqui ao leme sou mais do que eu:
Sou um Povo que quer o mar que é teu;
E mais que o mostrengo, que me a alma teme
E roda nas trevas do fim do mundo,
Manda a vontade, que me ata ao leme,
De El-Rei D. João Segundo!"

Também nessa parte com motivos marítimos, encontra-se um dos poemas mais citados de Pessoa, "Mar Português", com os versos:

Ó mar salgado, quanto do teu sal
São lágrimas de Portugal!
Por te cruzarmos, quantas mães choraram,
Quantos filhos em vão rezaram!
Quantas noivas ficaram por casar
Para que fosses nosso, ó mar!

Valeu a pena? Tudo vale a pena
Se a alma não é pequena.
Quem quer passar além do Bojador
Tem que passar além da dor.
Deus ao mar o perigo e o abismo deu,
Mas nele é que espelhou o céu.

Nesse espelhamento mar/céu, a grandeza/o abismo da alma, tanto se pode subir ao infinito, superando a condição física e mortal, como se pode cair rapidamente e perder-se para sempre, ser medíocre, sem ideais e sem sonhos. O mito grego de Ícaro se vislumbra no grau de ousadia de enfrentamento dos deuses e o preço que pagou por isso. A que se destina Portugal, então, ou a que se destina o homem universal? À grandeza ou ao abismo? Essa parte termina com o poema "Prece", após o desaparecimento de d. Sebastião: "Senhor, a noite veio e a alma é vil./ Tanta foi a tormenta e a vontade!/ Restam-nos hoje, no silêncio hostil,/ O mar universal e a saudade". Portugal cai no abismo da história e perde o controle de seu presente. A nação na noite ecoa até a nação do presente pessoano, nas primeiras décadas do século XX, atrasada, mesquinha, politicamente sem grandeza.

O Encoberto

Ainda com d. Sebastião,* esse rei desejado/esse rei encoberto, inicia-se a terceira e última parte de *Mensagem*, "O Encoberto", subdividida em três partes, "Os Símbolos", "Os Avisos" e "Os Tempos". Os poemas são aí articulados à volta de d. Sebastião, acentuando-se um tom mais profético e mais hermético em suas imagens. "O Encoberto" é agora aquele que passou para outro nível espiritual: "Que importa o areal e a morte e a desventura/ Se com Deus me guardei?/ É O que me sonhei que eterno dura,/ É Esse que regressarei". Convergindo para essa

---

* Sobre a presença de d. Sebastião em *Mensagem* (2004), explica Fernando Cabral Martins: "D. Sebastião, que tem a mesma natureza dos sonhos, estabelece a união entre o passado e o futuro, o individual e o colectivo, as palavras e as coisas. É um símbolo, o Símbolo" (p. 105).

figura de ideais, sonhos e ousadia, tragicamente perdida no tempo e no espaço, Pessoa retoma no segundo poema o mito do Quinto Império* e, no quarto, a quimera das Ilhas Afortunadas. D. Sebastião, como o *Desejado* (no nascimento) e o *Encoberto* (na morte), iguala-se a Galaaz em busca do Santo Graal (como referido no terceiro poema). Na segunda subdivisão, "Os Avisos", reencontramos uma figura do século XVI português, o sapateiro profeta, o Bandarra, que avisara em suas trovas o futuro de Portugal, com o retorno do Encoberto, rei português que levaria os povos a uma única fé. Segue-se o poema dedicado a Antônio Vieira, como "Imperador da língua portuguesa", figura notável do século XVII luso-brasileiro, autor de uma *História do futuro*, em que defende, teológica, retórica e politicamente o plano do Quinto Império, missão especial que somente Portugal poderia realizar.** Nessa mistura de profecias e testemunhos, sonhos e histórias, tendo como fundo um imaginário judaico-messiânico, a voz lírica escreve sua ânsia de futuro e de transformação da portugalidade e da humanidade. O terceiro poema sintetiza bem essa mescla de desejo e de dúvida sobre o futuro:

---

* O mito do Quinto Império tem origem na Bíblia e provocou inúmeras interpretações ao longo do tempo. Gonçalo Annes, o Bandarra (1500-56), um alfaiate que fez trovas proféticas, e o padre Antônio Vieira (1608-97), que escreveu uma *História do futuro* (publicada postumamente em 1718), retomam esse mito, adaptando-o para os seus tempos de vida. Pessoa, em *Mensagem*, reapresenta o mito, relendo-o a partir de sua perspectiva nacionalista e mística. Assistir, a respeito, ao vídeo *Padre António Vieira e a utopia do Quinto Império do Mundo*, programa cultural *Câmara Clara*, autoria de Paula Moura Pinheiro, para a RTP (Rádio e Televisão de Portugal, 2008). Disponível em: <ensina.rtp.pt/artigo/padre-antonio-vieira-e-a-utopia-do-quinto--imperio-do-mundo/>. Acesso em: 7 fev. 2022. ** Sobre esse tema na obra do padre Antônio Vieira, ler artigo de Manduco (2005), disponível on-line em: <www.scielo.br/j/topoi/a/MbBDZZx3ZG6BtkVMySf4HXN/?format=pdf&lang=pt>. Acesso em: 7 fev. 2022.

Escrevo meu livro à beira-mágoa.
Meu coração não tem que ter.
Tenho meus olhos quentes de água.
Só tu, Senhor, me dás viver.

[...]

Quando virás a ser o Cristo
De a quem morreu o falso Deus,
E a despertar do mal que existo
A Nova Terra e os Novos Céus?

Quando virás, ó Encoberto,
Sonho das eras português,
Tornar-me mais que o sopro incerto
De um grande anseio que Deus fez?

A terceira subdivisão da parte final de *Mensagem*, sob o título "Os Tempos", retoma a história trágico-marítima portuguesa com seus cinco poemas "Noite", "Tormenta", "Calma", "Antemanhã" e "Nevoeiro", aludindo de novo a passagens camonianas de *Os lusíadas* (naufrágios, tempestades, Ilha dos Amores), como, de novo, ao episódio do Adamastor, conforme lemos no quarto poema, "Antemanhã":

O mostrengo que está no fim do mar
Veio das trevas a procurar
A madrugada do novo dia,
Do novo dia sem acabar;
E disse, "Quem é que dorme a lembrar
Que desvendou o Segundo Mundo,
Nem o Terceiro quer desvendar?"

E *Mensagem* finda com o quinto poema, "Nevoeiro", em que a pátria, o povo e o poeta se unem na interrogação sobre seu destino e sobre o que fazer. "Ninguém sabe que coisa quer./ Ninguém conhece que alma tem,/ Nem o que é mal nem o que é bem./ (Que ânsia distante perto chora?)/ Tudo é incerto e derradeiro./ Tudo é disperso, nada é inteiro./ Ó Portugal, hoje és nevoeiro...// É a Hora!". O livro termina com uma saudação latina, *Valete, Fratres*, que pode ser traduzida como "Passai bem, irmãos".

Como vimos, *Mensagem* é uma obra articulada por Pessoa em diferentes camadas de sentido.[*] Se podemos seguir, em seus poemas, momentos da história portuguesa desde sua fundação até a morte de d. Sebastião, em 1578, refigurados a partir de determinadas escolhas de personagens reais e heróis da aventura marítima, por outra parte toda essa matéria historiográfica é transfigurada em símbolos, em metáforas, em imagens de uma outra realidade, anímica, subjetiva, interior. Se, de um lado, o diálogo com *Os lusíadas*, ainda que aparentemente rasurado, é inevitável em determinadas passagens, por outro, afirma-se uma diversa concepção de heroicidade calcada na superação de limites espirituais, na ousadia de projetos, na afirmação de outra ânsia, o reencontro de um império da alma, não da matéria, não do ouro, negação que também o vate clássico apontou em seus excursos.

---

[*] Na famosa carta de Pessoa a Adolfo Casais Monteiro sobre "A gênese dos heterônimos (manuscrito de 1935 e carta datada de 13 de janeiro de 1935)", escreve: "Sou, de fato, um nacionalista místico, um sebastianista racional. Mas sou, à parte isso, e até em contradição com isso, muitas outras coisas" (1982, pp. 92-9).

Conforme dissemos, alguns dos poemas de *Mensagem* haviam sido publicados ao longo das três décadas iniciais do século XX e foram arquitetados em livro para concorrer a um prêmio, exatamente num momento dramático da história ocidental, preanunciando a Segunda Guerra que viria. Talvez, frente a um quadro político interno ditatorial, o Estado Novo Salazarista, e ao quadro político externo, o arruinamento do mundo ocidental livre, com o fortalecimento do nazismo e do fascismo, essa arquitetura poemática trazida para o exterior de sua arca em formato livro fosse a mensagem de um poeta profundamente consciente do exílio do homem moderno numa Europa à deriva.

Poema nacionalista, esotérico, cabalístico, espiritualista, político? As muitas trilhas que podem ser traçadas na leitura desses versos não se contradizem; cruzam-se formando uma tessitura poética rica de sonho, de ideal, mas, sobretudo, de força das palavras como matéria de superação de nossa pequenez e inércia frente à existência humana, "bicho da terra tão pequeno" (*Os lusíadas*, canto I, 106). De certa maneira, Pessoa confronta Camões, porém, de outra perspectiva, encontra nele um igual na certeza do canto e em desacordo com um mundo materialista que perde seu rumo em relação ao futuro.

Se o leitor brasileiro, iniciante nessa matéria poética, pode ter alguma dificuldade em reconhecer figuras, alusões, referências históricas e, por isso, uma edição com notas é sempre muito bem-vinda, por outro lado, exatamente por sua "iniciação", pode sentir mais intimamente esse canto de ideal, de desejo de transformação e de superação, ainda mais num tempo como o nosso, na segunda década do século XXI, marcada já pelo horror de uma pandemia que nos confrontou com a violência da morte em massa e com um mundo em profunda crise social, política, econômica e existencial. Talvez hoje esse leitor possa experienciar nesses versos a necessidade de não se conformar com um real muito próximo de nós, que não nos basta e não nos satisfaz. Por isso, ler *Mensagem* no Brasil de hoje é encontrar-se com uma obra forte de língua portuguesa que atravessou o século XX e convoca nossa capacidade de questionamento de certezas que movem nossas ações, emoções e ideais. Talvez "É a Hora!" seja o aviso de metamorfose a ser cumprido agora.

Janeiro de 2022

Referências bibliográficas

BRASÃO DE ARMAS DO REI D. JOÃO II (reinado de 28 de agosto de 1481 a 25 de outubro de 1495). Disponível em: <i.redd.it/4k1va7iw8et41.jpg>. Acesso em: 14 fev. 2022.

CAMÕES, Luís de. *Os lusíadas*. Ed. e org. de Emanuel Paulo Ramos. Porto: Porto Editora, 1978.

CASA FERNANDO PESSOA, www.casafernandopessoa.pt/pt/cfp.

CIPRIANO, Rita; CASINHAS, Henrique. "Dos envelopes esquecidos à 'Mensagem'. Como se construiu a nova edição crítica do mais famoso livro de Fernando Pessoa". *Observador*, Lisboa, 14 nov. 2020. Disponível em: <observador.pt/especiais/dos-envelopes-esquecidos-a-mensagem-como-se-construiu-a-nova-edicao-critica-do-mais-famoso-livro-de-fernando-pessoa/>. Acesso em: 8 fev. 2022.

MANDUCO, Alessandro. "História e Quinto Império em Antônio Vieira". *Revista TOPOI*, v. 6, n. 11, pp. 246-60, jul./dez. 2005.

MARTINHO, Fernando J. B. "Supra-Camões". *Modernismo, Arquivo Virtual da Geração de Orpheu*. Disponível em: <modernismo.pt/index.php/s/828-supra-camoes>. Acesso em: 25 jan. 2022.

OLIVEIRA, Carlos de. *Obras de Carlos de Oliveira*. Lisboa: Caminho, 1992.

PESSOA, Fernando. *Obras em prosa*. Org., intr. e notas de Cleonice Berardinelli. Rio de Janeiro: Nova Aguilar, 1982.

_____. *Mensagem: Poemas esotéricos*. Ed. crítica e coord. de José Augusto Seabra. Madri: CSIC, 1993. (Colección Archivos).

PESSOA, Fernando. *Mensagem*. Ed. de Fernando Cabral Martins. Lisboa: Assírio & Alvim, 2004.

_____. *Mensagem*. 21. ed. Notas de David Mourão-Ferreira. Lisboa: Nova Ática, 2006. (Obras Completas de Fernando Pessoa).

_____. *Mensagem*. Org., apres. e ensaios de Cleonice Berardinelli. Rio de Janeiro: Edições de Janeiro, 2014.

_____. *Mensagem e poemas publicados em vida*, v. 1. Coord. de Ivo Castro; apres. e ed. de Luiz Fagundes Duarte. Lisboa: Imprensa Nacional; Casa da Moeda, 2018. (Coleção Edição Crítica das Obras de Fernando Pessoa).

_____. *Mensagem*. Ed. de Jerónimo Pizarro. Lisboa: Tinta-da-china, 2020.

PINHEIRO, Paula Moura. *Padre António Vieira e a utopia do Quinto Império do Mundo*. RTP, Rádio Televisão Portuguesa, 2008. Disponível em: <ensina.rtp.pt/artigo/padre-antonio-vieira-e-a-utopia-do-quinto-imperio-do-mundo>. Acesso em: 7 fev. 2022.

QUESADO, Clécio. *Mensagem, de Pessoa, labirintos de um poema*. Rio Bonito: Almádena, 2014.

Índice de títulos e primeiros versos

A
A Cabeça do Grifo: O Infante D. Henrique, 53
A Europa jaz, posta nos cotovelos, 27
A nau de um deles tinha-se perdido, 95
A Outra Asa do Grifo: Afonso de Albuquerque, 55
A Última Nau, 72
Antemanhã, 99
António Vieira, 90
As Ilhas Afortunadas, 85
As nações todas são mistérios, 34
Ascensão de Vasco da Gama, 70

B
Braços cruzados, fita além do mar, 54

C
Calma, 98
Claro em pensar, e claro no sentir, 43
Com duas mãos — o Ato e o Destino —, 68

D
D. Afonso Henriques, 35
D. Dinis, 36
D. Duarte, Rei de Portugal, 41
D. Fernando, Infante de Portugal, 42
D. Filipa de Lencastre, 38
D. João o Primeiro, 37
D. João, Infante de Portugal, 44
D. Pedro, Regente de Portugal, 43
D. Sebastião, 81
D. Sebastião, Rei de Portugal, 45
D. Tareja, 34
De pé, sobre os países conquistados, 55
Deu-me Deus o seu gládio, por que eu faça, 42
Deus quer, o homem sonha, a obra nasce, 61

E
Em seu trono entre o brilho das esferas, 53
Epitáfio de Bartolomeu Dias, 66
Escrevo meu livro à beira-mágoa, 91
Esperai! Caí no areal e na hora adversa, 81

F
Fernão de Magalhães, 69

H
Horizonte, 62

J
Jaz aqui, na pequena praia extrema, 66

L
Levando a bordo El-Rei D. Sebastião, 72
Louco, sim, louco, porque quis grandeza, 45

M
Mar Português, 71
Meu dever fez-me, como Deus ao mundo, 41

N
Na noite escreve um seu Cantar de Amigo, 36
Não fui alguém. Minha alma estava estreita, 44
Nem rei nem lei, nem paz nem guerra, 100
Nevoeiro, 100
No vale clareia uma fogueira, 69
Noite, 95
Nunálvares Pereira, 49

O
O Bandarra, 89
O céu estrela o azul e tem grandeza, 90
O Conde D. Henrique, 33
O das Quinas, 28
O Desejado, 84
O dos Castelos, 27
O Encoberto, 86
O esforço é grande e o homem é pequeno, 63
O homem e a hora são um só, 37
O Infante, 61

Ó mar anterior a nós, teus medos, 62
Ó mar salgado, quanto do teu sal, 71
O mito é o nada que é tudo, 31
O Mostrengo, 64
O mostrengo que está no fim do mar [I], 64
O mostrengo que está no fim do mar [II], 99
O Quinto Império, 82
Ocidente, 68
Onde quer que, entre sombras e dizeres, 84
Os Colombos, 67
Os Deuses da tormenta e os gigantes da terra, 70
Os Deuses vendem quando dão, 28
Outros haverão de ter, 67

P
Padrão, 63
Pai, foste cavaleiro, 35
Prece, 73

Q
Que auréola te cerca?, 49
Que costa é que as ondas contam, 98
Que enigma havia em teu seio, 38
Que jaz no abismo sob o mar que se ergue?, 97
Que símbolo fecundo, 86
Que voz vem no som das ondas, 85

S
Se a alma que sente e faz conhece, 32
Senhor, a noite veio e a alma é vil, 73
Sonhava, anónimo e disperso, 89

T
Todo começo é involuntário, 33
Tormenta, 97
Triste de quem vive em casa, 82

U
Ulisses, 31
Uma Asa do Grifo: D. João o Segundo, 54

V
Viriato, 32

© Jerónimo Pizarro, 2021

Todos os direitos desta edição reservados à Todavia.

Grafia atualizada segundo o Acordo Ortográfico da Língua Portuguesa de 1990, que entrou em vigor no Brasil em 2009.

capa
Flávia Castanheira
preparação
Ieda Lebensztayn
revisão
Karina Okamoto
Huendel Viana

Dados Internacionais de Catalogação na Publicação (CIP)

Pessoa, Fernando (1888-1935)
  Mensagem / Fernando Pessoa ; edição, organização e introdução Jerónimo Pizarro ; posfácio Ida Alves. — 1. ed. — São Paulo : Todavia, 2022.

  ISBN 978-65-5692-268-3

  1. Literatura portuguesa. 2. Poesia. I. Pizarro, Jerónimo. II. Alves, Ida. III. Título.

CDD 869.1

Índice para catálogo sistemático:
1. Literatura portuguesa : Poesia 869.1

Bruna Heller — Bibliotecária — CRB 10/2348

todavia
Rua Luís Anhaia, 44
05433.020 São Paulo SP
T. 55 11. 3094 0500
www.todavialivros.com.br

fonte
Register*
papel
Munken print cream
80 g/m²
impressão
Geográfica